AF197759

Die Erfindung

des ADHS-Syndroms

Zappelphilipp, Träumer und woanders

Eine Betrachtung

von

Lutz Spilker

DIE ERFINDUNG DES ADHS-SYNDROMS
ZAPPELPHILIPP, TRÄUMER UND WOANDERS

Bibliografische Information der Deutschen Nationalbibliothek:
Die Deutsche Nationalbibliothek verzeichnet diese Publikation in der Deutschen Nationalbiblio-
grafie; detaillierte bibliografische Daten sind im Internet über http://dnb.dnb.de abrufbar.

Softcover ISBN: 978-3-384-21694-6
Ebook ISBN: 978-3-384-21695-3

© 2023 by Lutz Spilker
Druck und Distribution im Auftrag des Autors:
tredition GmbH, An der Strusbek 10, 22926 Ahrensburg, Germany

Die im Buch verwendeten Grafiken entsprechen den
Nutzungsbestimmungen der Creative-Commons-Lizenzen (CC).

Inhalt

Modekrankheit oder Lüge der Pharmaindustrie?
Existiert ADHS womöglich gar nicht?

Grundsätzlich ist der Titel dieses Buches falsch, denn aufgrund umfangreicher wissenschaftlicher Forschung und klinischer Beobachtungen wird das Aufmerksamkeitsdefizit-Hyperaktivitätsstörung (ADHS) als real existierende neurobiologische Erkrankung betrachtet. ADHS ist durch anhaltende Muster von Unaufmerksamkeit, Impulsivität und Hyperaktivität gekennzeichnet. Zahlreiche Studien, darunter neurologische Untersuchungen und genetische Analysen, haben darauf hingewiesen, dass es biologische Grundlagen für diese Störung gibt.

Die Symptome von ADHS können sich erheblich auf das tägliche Leben und die Lebensqualität der betroffenen Personen auswirken. Die Anerkennung von ADHS als medizinische Störung hat zu verschiedenen evidenzbasierten Behandlungsansätzen geführt, einschließlich Verhaltenstherapie und medikamentöser Interventionen.

Keinesfalls darf unerwähnt bleiben: Die wissenschaftliche Gemeinschaft ADHS wird als authentische und behandelbare Störung betrachtet. Die Diagnose und Therapien sollten jedoch von qualifizierten Fachleuten durchgeführt werden, um sicherzustellen, dass die individuellen Bedürfnisse angemessen berücksichtigt werden.

**ADHS ist ein Paradebeispiel für eine fabrizierte Erkran-
kung. Die genetische Veranlagung von ADHS wird voll-
kommen überschätzt. Stattdessen sollten Kinderpsychia-
ter viel gründlicher die psychosozialen Gründe ermitteln,
die zu Verhaltensauffälligkeiten führen können.**

Leon Eisenberg

Leon Eisenberg (* 8. August 1922 in Philadelphia, USA, † 15. September 2009
in Cambridge, Massachusetts, USA) war ein US-amerikanischer Kinder- und
Jugendpsychiater, Medizinpädagoge und Hochschulprofessor jüdischer Ab-
stammung. Eisenberg gilt aufgrund seiner frühen Werke unter anderem in den
Bereichen Kinder- und Jugendpsychiatrie, Autismus, Sozialmedizin, globale
Gesundheit und Antidiskriminierung sowie als Vorreiter in der Anwendung von
randomisierten klinischen Studien als einer der bedeutendsten Wissenschaftler
bzw. Mitbegründer seines Fachs. So belegte er unter anderem die Wirksamkeit
von Psychostimulanzien bei Hyperaktivität. Im Zuge seiner Karriere war Eisenberg an diversen reputativen US-Hochschulen beschäftigt, darunter die Harvard
Medical School. Darüber hinaus war er in mehreren Kliniken als Klinikleiter
tätig, darunter das Massachusetts General Hospital in Boston.

In Deutschland erlangte Eisenberg im Jahr 2012 durch einen Artikel des Maga-
zins Der Spiegel Bekanntheit. In diesem zitierte ihn der Medizinjournalist Jörg
Blech aus einem Interview, welches dieser im Jahr 2009 mit Eisenberg geführt
hatte, mit den Worten, dass es sich bei ADHS um eine ›fabrzierte Erkrankung‹
(fictutious disease) handele, was im deutschsprachigen Raum ein weitreichendes
Medienecho zur Folge hatte.

Vorwort

Herzlich willkommen zu ›Die Erfindung des ADHS-Syndroms‹. In diesem Buch tauchen wir ein in die ebenso fesselnde, wie auch nebulöse Welt von ADHS - einer Störung, die nicht nur Kinder, sondern auch Erwachsene betrifft und die in den letzten Jahrzehnten zu einem der am häufigsten diskutierten und kontroversen Themen im Bereich der psychischen Gesundheit geworden ist.

Die Idee zu diesem Buch entstand aus der Begegnung mit zahlreichen Menschen, die entweder selbst von ADHS betroffen sind oder Familienmitglieder, Freunde und Kollegen haben, die mit dieser Störung leben. Im Laufe meiner Recherche und Auseinandersetzung mit dem Thema wurde mir klar, dass ADHS weit mehr ist als nur ein ›Zappelphilipp-Syndrom‹ oder eine Modeerscheinung - es handelt sich um eine ernsthafte neurobiologische Störung, die das tägliche Leben der Betroffenen auf vielfältige Weise beeinflusst.

In diesem Vorwort möchte ich Ihnen einen Einblick in die Geschichte und den aktuellen Verlauf von ADHS geben. Wir werden zurückblicken auf die Entdeckung dieser Störung durch einen britischen Kinderarzt im Jahr 1902 und die Entwicklungen und Kontroversen, die seitdem die Erforschung von ADHS geprägt haben. Dabei werden wir feststellen, dass ADHS nicht nur eine neuzeitliche ›Erfindung‹ ist, sondern eine

Störung, die schon lange existiert und in verschiedenen Formen und Ausprägungen beobachtet wurde.

Wir werden uns auch mit den verschiedenen Meinungen und Standpunkten zu ADHS auseinandersetzen - von denjenigen, die ihre Existenz und Behandlung in Frage stellen, bis zu denjenigen, die sie als ernsthafte neurobiologische Störung anerkennen und sich für eine bessere Aufklärung und Unterstützung einsetzen.

Es ist mein Ziel, mit diesem Buch nicht nur Wissen zu vermitteln, sondern auch Verständnis und Empathie zu fördern. Ich möchte dazu beitragen, dass Menschen mit ADHS ernst genommen und angemessen unterstützt werden und dass die öffentliche Wahrnehmung und das Verständnis für diese Störung verbessert werden.

Ich hoffe, dass Sie dieses Buch als eine Quelle der Information, der Reflexion und des Dialogs betrachten und dass es dazu beiträgt, das Bewusstsein für ADHS zu schärfen und das Leben der Betroffenen und ihrer Familien zu verbessern.

Vielen Dank, dass Sie sich die Zeit nehmen, sich mit diesem wichtigen Thema zu beschäftigen. Ich wünsche Ihnen eine informative und bereichernde Lektüre.

Mit freundlichen Grüßen,
Lutz Spilker

Einleitung: Die Entdeckung einer Störung

Vor mehr als einem Jahrhundert, im Jahr 1902, machte ein britischer Kinderarzt namens Sir George Frederic Still eine bahnbrechende Entdeckung. In einer seiner Veröffentlichungen beschrieb er erstmals eine Gruppe von Kindern, die er als ›abnorm‹ oder ›defekt‹ bezeichnete - Kinder, die Schwierigkeiten hatten, sich zu konzentrieren, impulsiv zu handeln und ihr Verhalten zu kontrollieren. Diese Kinder zeigten auch Anzeichen von Hyperaktivität und Unruhe, die Still als ›mangelnde moralische Kontrolle‹ interpretierte.

Diese Beschreibung markiert den Beginn der Geschichte von ADHS - **A**ufmerksamkeits**d**efizit-**H**yperaktivität**s**störung, wie sie später genannt wurde. Die Entdeckung von Still war ein wichtiger Meilenstein in der Erforschung von Verhaltens- und Entwicklungsstörungen bei Kindern und legte den Grundstein für das Verständnis von ADHS als eigenständige klinische Entität.

Seit Stills Pionierarbeit hat sich unser Verständnis von ADHS weiterentwickelt und verfeinert. Wir haben erkannt, dass ADHS nicht nur eine Störung ist, die Kinder betrifft, sondern auch Erwachsene beeinflussen kann und oft über die Kindheit hinaus besteht. Wir haben gelernt, dass ADHS nicht nur mit Problemen in der Schule oder am Arbeitsplatz verbunden ist, sondern auch mit einer Vielzahl von psychischen und sozialen Herausforderungen.

In diesem Buch werden wir uns eingehend mit der Geschichte, den Ursachen und den Therapiemöglichkeiten von ADHS befassen. Wir werden die neuesten wissenschaftlichen Erkenntnisse und Forschungsergebnisse untersuchen, um ein umfassendes Bild von dieser komplexen Störung zu zeichnen. Wir werden uns mit den verschiedenen Symptomen und Erscheinungsformen von ADHS auseinandersetzen und die Herausforderungen und Chancen diskutieren, die mit der Diagnose und Behandlung verbunden sind.

Durch die Betrachtung von Fallbeispielen, persönlichen Erfahrungen und aktuellen Entwicklungen wollen wir nicht nur Wissen vermitteln, sondern auch Verständnis und Empathie fördern. Wir wollen dazu beitragen, dass Menschen mit ADHS ernst genommen und angemessen unterstützt werden und dass die öffentliche Wahrnehmung und das Verständnis für diese Störung verbessert werden.

Mit diesem Ziel vor Augen laden wir Sie ein, sich mit uns auf eine Reise durch die Welt von ADHS zu begeben. Eine Reise, die von Entdeckungen und Herausforderungen, von Hoffnung und Zusammenhalt geprägt ist. Eine Reise, die dazu beitragen kann, das Leben von Millionen von Menschen weltweit zu verbessern. Willkommen zu ›Die Erfindung des ADHS-Syndroms‹.

Die frühen Jahre von ADHS:

Der Kampf um Anerkennung

Nach der bahnbrechenden Entdeckung von Sir George Frederic Still im Jahr 1902 begann eine Phase des Kampfes und der Herausforderungen für die Anerkennung von ADHS als eigenständige Krankheit. Still, ein Pionier auf seinem Gebiet, stand vor der Aufgabe, seine Entdeckung gegen Kritiker zu verteidigen und die medizinische Gemeinschaft von der Bedeutung und Realität dieser neu identifizierten Störung zu überzeugen.

Die frühen Jahre von ADHS waren von Unsicherheit und Skepsis geprägt. Viele in der medizinischen Gemeinschaft waren skeptisch gegenüber Stills Beobachtungen und stellten die Existenz von ADHS als eigenständige Krankheit in Frage. Sie argumentierten, dass das Verhalten, das Still beschrieb, einfach Teil der normalen Variation im kindlichen Verhalten sei und keine spezifische Behandlung erfordere.

Still stand jedoch fest hinter seiner Entdeckung und setzte sich entschlossen für die Anerkennung von ADHS ein. Er führte umfangreiche Studien durch, um die Symptome und Merkmale der Störung zu dokumentieren und zu klassifizieren. Er sammelte Fallberichte und klinische Daten, um die Realität und die Schwere von ADHS zu belegen.

Trotz der Widerstände und Herausforderungen gelang es Still, langsam aber stetig, die medizinische Gemeinschaft von der Existenz und Relevanz von ADHS zu überzeugen. Seine Arbeit trug dazu bei, das Bewusstsein für die Störung zu schärfen und den Weg für weitere Forschungen und Entwicklungen auf diesem Gebiet zu ebnen.

Die frühen Jahre von ADHS waren eine Zeit des Lernens, Wachsens und Kämpfens. Sie waren geprägt von Entdeckungen und Rückschlägen, von Fortschritt und Rücksichtslosigkeit. Doch trotz aller Hindernisse und Widerstände gelang es Still und anderen Pionieren auf diesem Gebiet, die Grundlagen für das Verständnis und die Behandlung von ADHS zu legen und einen wichtigen Beitrag zur Verbesserung des Lebens von Millionen von Menschen weltweit zu leisten.

Historische Entwicklung und Kontroversen: Ein Blick zurück

Die Geschichte von ADHS ist geprägt von einer vielschichtigen Entwicklung und anhaltenden Kontroversen. Seit seiner ersten Beschreibung durch Sir George Frederic Still im frühen 20. Jahrhundert hat sich das Verständnis von ADHS kontinuierlich weiterentwickelt, begleitet von zahlreichen Diskussionen und Debatten in der medizinischen Gemeinschaft sowie in der Öffentlichkeit.

In den ersten Jahrzehnten nach Stills Entdeckung wurde ADHS oft als rein kindliches Verhaltensproblem angesehen und nicht als eigenständige Störung anerkannt. Die Symptome von ADHS wurden als Folge von schlechter Erziehung oder unzureichender Disziplin angesehen, und es gab wenig Verständnis für die neurobiologischen und genetischen Ursachen der Störung.

Erst in den 1960er und 1970er Jahren begann sich das Verständnis von ADHS zu vertiefen, als Forscher begannen, die neurobiologischen Grundlagen der Störung zu erforschen. Die Einführung von Medikamenten wie Methylphenidat (Ritalin) zur Behandlung von ADHS trug dazu bei, das Bewusstsein für die Störung zu schärfen und ihren Status als eigenständige klinische Entität zu festigen.

Trotz dieser Fortschritte bleibt ADHS jedoch ein umstrittenes und kontroverses Thema. Einige Experten zweifeln an der Validität der Diagnose und argumentieren, dass die Symptome von ADHS oft überinterpretiert oder falsch interpretiert werden. Andere kritisieren die zunehmende Verwendung von Medikamenten zur Behandlung von ADHS und plädieren für eine stärkere Betonung nicht-medikamentöser Ansätze.

Die historische Entwicklung von ADHS ist auch von sozialen und kulturellen Faktoren geprägt. In einigen Gesellschaften wird ADHS als legitime medizinische Störung anerkannt und behandelt, während es in anderen als soziales Konstrukt oder gar als Modeerscheinung betrachtet wird.

Insgesamt ist die historische Entwicklung von ADHS eine komplexe und nuancierte Geschichte, die von wissenschaftlichem Fortschritt, gesellschaftlichen Veränderungen und kontroversen Debatten geprägt ist. Durch ein tieferes Verständnis dieser Entwicklung können wir besser verstehen, wie ADHS in der heutigen Welt wahrgenommen und behandelt wird, und neue Wege finden, um Menschen mit dieser Störung angemessen zu unterstützen und zu unterstützen.

Die neurobiologischen Grundlagen von ADHS: Ein Blick ins Gehirn

Die neurobiologischen Grundlagen von ADHS bilden das Fundament für das Verständnis dieser komplexen Störung. In den letzten Jahrzehnten haben Forscher intensiv daran gearbeitet, die neurobiologischen Mechanismen zu entschlüsseln, die ADHS zugrunde liegen.

Eine der wichtigsten Erkenntnisse ist, dass bei Menschen mit ADHS bestimmte Bereiche des Gehirns anders funktionieren als bei Menschen ohne die Störung. Insbesondere die frontale Hirnrinde, die für die Kontrolle von Impulsen, die Aufrechterhaltung der Aufmerksamkeit und die Regulation von Verhalten verantwortlich ist, scheint bei Menschen mit ADHS beeinträchtigt zu sein.

Neurobiologische Untersuchungen haben gezeigt, dass bei Menschen mit ADHS eine Dysfunktion bestimmter Neurotransmittersysteme vorliegen kann, insbesondere des dopaminergen und noradrenergen Systems. Diese Neurotransmitter spielen eine entscheidende Rolle bei der Signalübertragung im Gehirn und beeinflussen eine Vielzahl von Funktionen, darunter Aufmerksamkeit, Impulskontrolle und Motivation.

Darüber hinaus haben bildgebende Verfahren wie die funktionelle Magnetresonanztomographie (fMRT) und die Positronen-Emissions-Tomographie (PET) dazu beigetragen, die neuronalen Netzwerke zu identifizieren, die bei ADHS beeinträchtigt sein können. Studien deuten darauf hin, dass bei Menschen mit ADHS eine verminderte Aktivität in Hirnregionen beobachtet werden kann, die für die Aufmerksamkeitssteuerung und die Selbstregulation wichtig sind.

Genetische Untersuchungen haben auch gezeigt, dass ADHS eine starke genetische Komponente hat. Verschiedene Gene, die mit der Regulation von Dopamin- und Noradrenalinaktivität im Gehirn in Verbindung stehen, wurden mit einem erhöhten Risiko für ADHS in Verbindung gebracht. Diese Erkenntnisse legen nahe, dass ADHS eine komplexe multifaktorielle Störung ist, die durch eine Kombination von genetischen, neurobiologischen und Umweltfaktoren beeinflusst wird.

Insgesamt liefern die neurobiologischen Grundlagen von ADHS wichtige Einblicke in die zugrunde liegenden Mechanismen der Störung und tragen dazu bei, unser Verständnis von ADHS zu vertiefen. Durch ein tieferes Verständnis dieser Grundlagen können wir neue Ansätze zur Diagnose und Behandlung von ADHS entwickeln und Menschen mit dieser Störung besser unterstützen und unterstützen.

Genetische Faktoren und Vererbung: Die Rolle der Gene bei ADHS

Die Frage nach den genetischen Ursachen von ADHS hat die Forschung jahrelang beschäftigt und ist von entscheidender Bedeutung für unser Verständnis dieser Störung. Wissenschaftler haben zahlreiche Studien durchgeführt, um die genetischen Faktoren zu identifizieren, die das Risiko für die Entwicklung von ADHS erhöhen, und um herauszufinden, wie diese Faktoren vererbt werden.

Eine der wichtigsten Erkenntnisse aus der genetischen Forschung zu ADHS ist, dass die Störung eine starke genetische Komponente hat. Studien haben gezeigt, dass das Risiko für die Entwicklung von ADHS bei Menschen mit einem betroffenen Elternteil deutlich höher ist als bei Menschen ohne betroffene Familienmitglieder. Dies legt nahe, dass genetische Faktoren eine wichtige Rolle bei der Entstehung von ADHS spielen.

Darüber hinaus haben Zwillingsstudien gezeigt, dass die Wahrscheinlichkeit, dass ein eineiiger Zwilling ADHS entwickelt, signifikant höher ist, wenn der andere Zwilling ebenfalls ADHS hat. Dies deutet darauf hin, dass genetische Faktoren eine entscheidende Rolle bei der Entwicklung von ADHS spielen, da eineiige Zwillinge genetisch identisch sind.

Forscher haben auch begonnen, bestimmte Gene zu identifizieren, die mit einem erhöhten Risiko für ADHS in Verbindung stehen. Insbesondere Gene, die an der Regulation von Neurotransmittern wie Dopamin und Noradrenalin beteiligt sind, wurden mit ADHS in Verbindung gebracht. Diese Gene können die Funktion bestimmter Hirnregionen beeinflussen, die für die Aufmerksamkeitssteuerung und die Impulskontrolle wichtig sind.

Es bleibt unabdingbar zu erwähnen, dass ADHS eine komplexe multifaktorielle Störung ist, die durch eine Kombination von genetischen, neurobiologischen und Umweltfaktoren beeinflusst wird. Genetische Faktoren allein erklären nicht die gesamte Variabilität von ADHS, aber sie spielen eine wichtige Rolle bei der Vererbung der Störung und bei der Modulation des Risikos für die Entwicklung von ADHS.

Insgesamt liefern die Erkenntnisse aus der genetischen Forschung wichtige Einblicke in die Ursachen von ADHS und tragen dazu bei, unser Verständnis dieser komplexen Störung zu vertiefen. Durch ein besseres Verständnis der genetischen Faktoren, die mit ADHS verbunden sind, können wir neue Ansätze zur Diagnose und Behandlung entwickeln und Menschen mit dieser Störung besser unterstützen und unterstützen.

Umweltfaktoren und ihre Rolle:

Einflüsse von außen

Die Erforschung von ADHS hat gezeigt, dass die Störung nicht allein auf genetische und neurobiologische Faktoren zurückzuführen ist, sondern auch durch Umweltfaktoren beeinflusst werden kann. Diese Umweltfaktoren spielen eine wichtige Rolle bei der Entstehung und dem Verlauf von ADHS und können das Risiko für die Störung erhöhen oder verringern.

Ein wichtiger Umweltfaktor, der mit ADHS in Verbindung gebracht wurde, ist die pränatale Exposition gegenüber Tabakrauch und Alkohol. Studien haben gezeigt, dass Kinder, deren Mütter während der Schwangerschaft Tabakrauch ausgesetzt waren oder Alkohol konsumiert haben, ein erhöhtes Risiko für die Entwicklung von ADHS haben. Diese Substanzen können die Entwicklung des fötalen Gehirns beeinträchtigen und zu langfristigen Veränderungen führen, die das Risiko für ADHS erhöhen.

Auch die frühkindliche Umgebung kann eine Rolle bei der Entstehung von ADHS spielen. Kinder, die in einem stressigen oder chaotischen Umfeld aufwachsen, sind einem erhöhten Risiko für die Entwicklung von ADHS ausgesetzt. Chronischer Stress, Vernachlässigung oder Traumata können die neurobiologische Entwicklung beeinflussen und das Risiko für ADHS erhöhen.

Darüber hinaus können bestimmte Ernährungsfaktoren eine Rolle bei der Entstehung von ADHS spielen. Studien haben gezeigt, dass eine unausgewogene Ernährung, die arm an bestimmten Nährstoffen wie Omega-3-Fettsäuren und Eisen ist, mit einem erhöhten Risiko für ADHS in Verbindung gebracht werden kann. Ein Mangel an diesen Nährstoffen kann die neurologische Entwicklung beeinträchtigen und das Risiko für ADHS erhöhen.

Es ist wichtig zu betonen, dass Umweltfaktoren nicht allein für die Entstehung von ADHS verantwortlich sind, sondern in Wechselwirkung mit genetischen und neurobiologischen Faktoren stehen. Das Zusammenspiel von Genetik, Umwelt und Neurobiologie trägt dazu bei, das komplexe Bild von ADHS zu vervollständigen und zu erklären.

Indem wir die Rolle von Umweltfaktoren bei der Entstehung von ADHS besser verstehen, können wir präventive Maßnahmen entwickeln und Interventionen durchführen, um das Risiko für die Störung zu verringern und betroffene Personen besser zu unterstützen. Ein umfassendes Verständnis der verschiedenen Einflüsse von außen ermöglicht es uns, ganzheitliche Ansätze zur Bewältigung von ADHS zu entwickeln und das Wohlergehen von Betroffenen zu verbessern.

Die Diagnose von ADHS:

Ein komplexes Puzzle

Die Diagnose von ADHS ist eine komplexe und herausfordernde Aufgabe, die eine sorgfältige Bewertung und eine umfassende Beurteilung erfordert. Es gibt keine einzelne Testmethode oder Biomarker, die eindeutig auf das Vorliegen von ADHS hinweisen, was die Diagnose zu einer anspruchsvollen Angelegenheit macht.

In der Regel beginnt der Diagnoseprozess mit einer gründlichen Anamnese und einer umfassenden Untersuchung der Symptome. Ärzte und Fachleute im Gesundheitswesen werden nach Informationen über das Verhalten und die Entwicklung des Patienten gefragt, sowohl von den Betroffenen selbst als auch von Eltern, Lehrern oder anderen Bezugspersonen. Dies ermöglicht es, ein umfassendes Bild davon zu bekommen, wie sich die Symptome im täglichen Leben manifestieren.

Zusätzlich zur Anamnese können verschiedene standardisierte Fragebögen und Bewertungsskalen eingesetzt werden, um die Symptome von ADHS zu quantifizieren und zu bewerten. Diese Fragebögen können dazu beitragen, das Ausmaß und die Schwere der Symptome zu erfassen und dienen als Leitfaden für die Diagnosestellung.

Eine genaue Diagnose von ADHS erfordert auch die Ausschluss von anderen möglichen Ursachen für die beobachteten Symptome. Es ist wichtig sicherzustellen, dass die Symptome nicht auf andere Störungen oder Erkrankungen zurückzuführen sind, wie z.B. Angststörungen, Depressionen oder Lernschwierigkeiten. Dies kann zusätzliche Untersuchungen und Bewertungen erfordern, um eine differenzialdiagnostische Abklärung durchzuführen.

Ein weiterer wichtiger Aspekt bei der Diagnose von ADHS ist die Berücksichtigung des individuellen Kontexts und der Lebensumstände des Patienten. ADHS kann sich bei verschiedenen Menschen unterschiedlich manifestieren und kann von einer Vielzahl von Faktoren beeinflusst werden, einschließlich genetischer Veranlagung, Umweltfaktoren und individueller Resilienz

Insgesamt ist die Diagnose von ADHS ein komplexer Prozess, der eine sorgfältige Beurteilung und eine ganzheitliche Herangehensweise erfordert. Durch eine gründliche Bewertung der Symptome, die Berücksichtigung von differenzialdiagnostischen Überlegungen und die Berücksichtigung des individuellen Kontexts können Fachleute im Gesundheitswesen eine genaue Diagnose stellen und den Betroffenen eine angemessene Unterstützung und Behandlung bieten.

Symptome und Erscheinungsformen:
Ein vielschichtiges Bild

Die Symptome von ADHS können sich auf vielfältige Weise manifestieren und variieren je nach Alter, Geschlecht und individuellen Unterschieden. Diese Vielfalt macht es oft schwierig, ADHS eindeutig zu erkennen und zu diagnostizieren, da die Symptome auch mit anderen Störungen oder normalen Verhaltensweisen verwechselt werden können.

Eine der Hauptmanifestationen von ADHS sind Probleme mit der Aufmerksamkeit. Betroffene können Schwierigkeiten haben, ihre Aufmerksamkeit über einen längeren Zeitraum aufrechtzuerhalten und sind leicht ablenkbar. Sie können dazu neigen, impulsiv zu handeln und Schwierigkeiten haben, ihre Handlungen zu kontrollieren, was zu spontanem Verhalten und unüberlegten Entscheidungen führen kann.

Hyperaktivität ist ein weiteres häufiges Symptom von ADHS, insbesondere bei Kindern. Betroffene können dazu neigen, ständig in Bewegung zu sein, sich unruhig zu verhalten und Schwierigkeiten haben, still zu sitzen oder ruhig zu bleiben. Diese Hyperaktivität kann störend sein und das soziale und schulische Funktionieren beeinträchtigen.

Impulsivität ist ein weiteres charakteristisches Merkmal von ADHS. Betroffene können dazu neigen, impulsiv zu handeln, ohne über die Konsequenzen nachzudenken, und haben Schwierigkeiten, ihre Handlungen zu kontrollieren. Dies kann zu Problemen in zwischenmenschlichen Beziehungen, im schulischen Umfeld und im Arbeitsleben führen.

Es ist wichtig zu betonen, dass nicht alle Menschen mit ADHS alle diese Symptome aufweisen, und dass sich die Symptome im Laufe der Zeit ändern können. Einige Menschen können mehr von Aufmerksamkeitsproblemen betroffen sein, während andere mehr unter Hyperaktivität und Impulsivität leiden. Darüber hinaus können die Symptome im Erwachsenenalter anders aussehen als bei Kindern, was zu einer erschwerten Diagnosestellung führen kann.

Insgesamt präsentiert sich ADHS als ein komplexes und vielschichtiges Syndrom, das sich auf verschiedene Lebensbereiche auswirken kann. Durch ein besseres Verständnis der Symptome und Erscheinungsformen von ADHS können Fachleute im Gesundheitswesen eine genauere Diagnose stellen und angemessene Unterstützung und Behandlung bieten, um den Betroffenen zu helfen, ihr volles Potenzial auszuschöpfen.

ADHS bei Kindern: Auswirkungen und Herausforderungen

ADHS kann sich bei Kindern auf verschiedene Lebensbereiche auswirken und sowohl für die Betroffenen selbst als auch für ihre Familien und Bezugspersonen erhebliche Herausforderungen darstellen. Die Auswirkungen von ADHS können weitreichend sein und das schulische, soziale und familiäre Funktionieren beeinträchtigen.

Im schulischen Umfeld können Kinder mit ADHS häufig Schwierigkeiten haben, sich zu konzentrieren, Aufgaben zu erledigen und den Unterrichtsanforderungen gerecht zu werden. Sie können Schwierigkeiten haben, den Lehrstoff zu verstehen und sich zu organisieren, was zu schlechten schulischen Leistungen und einem erhöhten Risiko für Schulversagen führen kann. Darüber hinaus können Verhaltensprobleme im Klassenzimmer auftreten, wie z.B. Impulsivität, Unruhe und Störungen des Unterrichts, die das Lernen für alle Schüler beeinträchtigen können.

Die sozialen Auswirkungen von ADHS können ebenfalls signifikant sein. Kinder mit ADHS können Schwierigkeiten haben, sich in sozialen Situationen angemessen zu verhalten, Freundschaften zu knüpfen und Beziehungen aufrechtzuerhalten. Sie können dazu neigen, impulsiv zu handeln, unangemessene Kommentare zu machen oder die Grenzen anderer zu überschreiten, was zu Konflikten mit Gleichaltrigen führen kann. Dies kann zu einem Gefühl der Isolation und des sozialen Rückzugs führen und das Selbstwertgefühl der betroffenen Kinder beeinträchtigen.

Für Familien, in denen ein Kind von ADHS betroffen ist, können die Herausforderungen ebenfalls erheblich sein. Eltern können sich überfordert fühlen und Schwierigkeiten haben, mit den herausfordernden Verhaltensweisen ihres Kindes umzugehen. Sie können sich Sorgen um die schulische und soziale Entwicklung ihres Kindes machen und nach Unterstützung und Ressourcen suchen, um ihrem Kind bestmöglich zu helfen. Geschwisterkinder können sich vernachlässigt fühlen oder unter dem Verhalten des betroffenen Geschwisterchens leiden, was zu Spannungen und Konflikten innerhalb der Familie führen kann.

Insgesamt stellen ADHS bei Kindern sowohl für die Betroffenen selbst als auch für ihre Familien und Bezugspersonen erhebliche Herausforderungen dar. Durch eine frühzeitige Diagnose und angemessene Unterstützung können jedoch viele der damit verbundenen Schwierigkeiten bewältigt werden, und Kinder mit ADHS können lernen, ihre Stärken zu nutzen und ihr volles Potenzial auszuschöpfen.

ADHS bei Erwachsenen:

Erkennen und Bewältigen

ADHS ist nicht nur eine Störung, die Kinder betrifft, sondern kann auch bis ins Erwachsenenalter fortbestehen und das tägliche Leben der Betroffenen beeinflussen. Während einige Menschen ihre Symptome im Laufe der Zeit besser bewältigen können, können andere auch im Erwachsenenalter noch unter den Herausforderungen von ADHS leiden.

Für viele Erwachsene mit ADHS kann die Diagnosestellung eine Befreiung sein, da sie endlich eine Erklärung für ihre Schwierigkeiten und Herausforderungen erhalten. Oftmals haben erwachsene Betroffene jahrelang mit den Symptomen gelebt, ohne zu wissen, dass diese auf ADHS zurückzuführen sind. Die Diagnosestellung ermöglicht es ihnen, ihre Schwierigkeiten besser zu verstehen und geeignete Unterstützungsmöglichkeiten zu erkunden.

Die Symptome von ADHS bei Erwachsenen können sich jedoch oft anders manifestieren als bei Kindern und können daher leicht übersehen oder mit anderen psychischen oder neurologischen Störungen verwechselt werden. Erwachsene mit ADHS können zum Beispiel Schwierigkeiten haben, ihre Aufmerksamkeit aufrechtzuerhalten und sich zu organisieren, was sich auf ihre berufliche Leistungsfähigkeit und ihr persönliches

Leben auswirken kann. Sie können auch impulsiv handeln und Schwierigkeiten haben, ihre Emotionen zu regulieren, was zu Problemen in zwischenmenschlichen Beziehungen führen kann.

Das Erkennen von ADHS bei Erwachsenen erfordert daher eine gründliche Anamnese und eine umfassende Bewertung der Symptome sowie eine sorgfältige Differenzialdiagnose, um andere mögliche Ursachen auszuschließen. Dies kann eine Herausforderung sein, da ADHS oft mit anderen psychischen Gesundheitsproblemen wie Depressionen, Angststörungen oder Suchterkrankungen einhergehen kann.

Für Erwachsene mit ADHS ist es wichtig, geeignete Bewältigungsstrategien zu entwickeln und Unterstützungsmöglichkeiten zu nutzen, um mit den Herausforderungen umzugehen. Dies kann die Teilnahme an ADHS-spezifischen Therapieprogrammen, die Nutzung von Verhaltenstherapie oder Coaching, sowie die Einnahme von Medikamenten umfassen, je nach den individuellen Bedürfnissen und Präferenzen des Betroffenen.

Insgesamt ist die Erkennung und Bewältigung von ADHS bei Erwachsenen ein wichtiger Schritt, um ihnen zu helfen, ein erfülltes und produktives Leben zu führen. Durch eine bessere Aufklärung und Sensibilisierung können mehr Menschen die Unterstützung erhalten, die sie benötigen, um ihre ADHS-Symptome erfolgreich zu bewältigen.

Komorbiditäten und begleitende Störungen: Die komplexe Beziehung zu anderen psychischen Gesundheitsproblemen

ADHS ist selten allein. Oft gehen damit weitere psychische Gesundheitsprobleme einher, die als Komorbiditäten bezeichnet werden. Diese begleitenden Störungen können die Symptome von ADHS verstärken und die Behandlung erschweren, da sie die Diagnosestellung komplizieren und die individuelle Betreuung herausfordern können.

Eine der häufigsten Komorbiditäten bei ADHS ist die Störung des Sozialverhaltens (conduct disorder, CD) bei Kindern und Jugendlichen oder die antisoziale Persönlichkeitsstörung bei Erwachsenen. Diese Störungen sind durch impulsives, aggressives und antisoziales Verhalten gekennzeichnet und können die sozialen Interaktionen und Beziehungen der Betroffenen erheblich beeinträchtigen. Sie können auch das Risiko für weitere Probleme wie Drogenmissbrauch, Kriminalität und psychische Störungen erhöhen.

Eine weitere häufige Komorbidität von ADHS ist die Störung der affektiven Regulation, zu der Störungen wie Depressionen,

Angststörungen und bipolare Störungen gehören können. Diese Störungen können die Stimmungsstabilität der Betroffenen beeinträchtigen und zu emotionalen Schwierigkeiten führen, die die Lebensqualität und das allgemeine Wohlbefinden beeinträchtigen können.

Darüber hinaus können auch Entwicklungsstörungen wie Lernstörungen (z. B. Lese- und Rechtschreibstörungen), Sprachstörungen und Entwicklungsverzögerungen häufig mit ADHS verbunden sein und die schulische Leistung und das soziale Funktionieren der Betroffenen beeinträchtigen.

Die Identifizierung und Behandlung von Komorbiditäten bei ADHS erfordert eine umfassende Evaluation und eine individuell angepasste Behandlungsstrategie. Dies kann die Kombination verschiedener therapeutischer Ansätze wie Verhaltenstherapie, Medikation und unterstützende Therapien umfassen, um die spezifischen Bedürfnisse und Herausforderungen der Betroffenen zu adressieren.

Insgesamt verdeutlicht die Prävalenz von Komorbiditäten bei ADHS die komplexe Natur dieser Störung und unterstreicht die Bedeutung einer ganzheitlichen und multidisziplinären Herangehensweise an ihre Diagnose und Behandlung. Durch die gezielte Identifizierung und Behandlung von Komorbiditäten können die Lebensqualität und das Wohlbefinden von Menschen mit ADHS signifikant verbessert werden.

Die Rolle von Stress und Bewältigungsstrategien: Umgang mit den Herausforderungen des Alltags

Stress ist ein allgegenwärtiger Bestandteil des modernen Lebens, der für Menschen mit ADHS besonders herausfordernd sein kann. Die Schwierigkeiten, sich zu konzentrieren, sich zu organisieren und impulsives Verhalten zu kontrollieren, können dazu führen, dass sie besonders anfällig für stressige Situationen sind und Schwierigkeiten haben, angemessen darauf zu reagieren.

Für Menschen mit ADHS kann Stress verschiedene Formen annehmen, von den Anforderungen des Arbeitsplatzes oder der Schule über zwischenmenschliche Konflikte bis hin zu finanziellen Schwierigkeiten oder persönlichen Beziehungsproblemen. Diese stressigen Situationen können die Symptome von ADHS verstärken und zu einem erhöhten Risiko für emotionalen Stress, Angstzustände und Depressionen führen.

Es ist daher entscheidend, effektive Bewältigungsstrategien zu entwickeln, um mit den Herausforderungen des Alltags umzugehen und Stress zu reduzieren. Dazu gehört die Entwicklung einer Struktur und Routine im täglichen Leben, um die Organisation zu erleichtern und die Wahrscheinlichkeit von Stressauslösern zu verringern. Dies kann die Nutzung von Zeitmanagement-Techniken, die Einrichtung von Erinnerungen und Alarmen oder die Verwendung von Checklisten und Kalendern umfassen, um den Tag zu planen und auf Kurs zu bleiben.

Darüber hinaus kann die Einbeziehung von Entspannungstechniken wie Meditation, Achtsamkeit, Yoga oder Atemübungen dazu beitragen, Stress abzubauen und das allgemeine Wohlbefinden zu verbessern. Diese Techniken können helfen, den Geist zu beruhigen, die Konzentration zu verbessern und eine positive Einstellung zu fördern, auch in stressigen Situationen.

Neben der individuellen Bewältigung ist es auch wichtig, ein unterstützendes soziales Netzwerk aufzubauen und um Hilfe zu bitten, wenn sie benötigt wird. Freunde, Familie, Therapeuten oder Selbsthilfegruppen können eine wertvolle Unterstützung bieten und dabei helfen, Stress zu reduzieren und positive Veränderungen im Leben voranzutreiben.

Insgesamt ist die Rolle von Stress und Bewältigungsstrategien bei ADHS von entscheidender Bedeutung für das Wohlbefinden und die Lebensqualität der Betroffenen. Durch die Entwicklung effektiver Bewältigungsstrategien und die Nutzung unterstützender Ressourcen können Menschen mit ADHS lernen, mit den Herausforderungen des Alltags umzugehen und ein erfülltes und produktives Leben zu führen.

Behandlungsmöglichkeiten: Medikamente und Therapien

Die Behandlung von ADHS umfasst eine Vielzahl von Ansätzen, die darauf abzielen, die Symptome zu lindern, die Funktionsfähigkeit zu verbessern und die Lebensqualität der Betroffenen zu erhöhen. Zu den Hauptbehandlungsmöglichkeiten gehören Medikamente und verschiedene Formen von Therapien, die individuell angepasst werden, um den spezifischen Bedürfnissen jedes Einzelnen gerecht zu werden.

Medikamente sind eine häufig verwendete Behandlungsoption für ADHS und können helfen, Symptome wie Unaufmerksamkeit, Impulsivität und Hyperaktivität zu kontrollieren. Die am häufigsten verschriebenen Medikamente für ADHS gehören zu den Stimulanzien, wie ›Methylphenidat‹ und ›Amphetamine‹, die die Verfügbarkeit von Neurotransmittern im Gehirn erhöhen und dadurch die Aufmerksamkeit und Konzentration verbessern können. Nicht-stimulierende Medikamente wie ›Atomoxetin‹ und bestimmte Antidepressiva können ebenfalls zur Behandlung von ADHS eingesetzt werden, insbesondere bei Personen, die auf Stimulanzien nicht ansprechen oder diese nicht vertragen.

Neben Medikamenten spielen auch verschiedene Therapieansätze eine wichtige Rolle bei der Behandlung von ADHS. Ver-

haltenstherapie, kognitive Verhaltenstherapie (CBT) und soziale Kompetenztraining können helfen, die Symptome zu bewältigen und die Funktionsfähigkeit in verschiedenen Lebensbe-
reichen zu verbessern. Diese Therapieformen können dazu
beitragen, negative Verhaltensmuster zu erkennen und zu ändern, effektive Bewältigungsstrategien zu entwickeln und zwischenmenschliche Beziehungen zu stärken.

Darüber hinaus können ergänzende Therapien wie Neurofeedback, Biofeedback, Entspannungstechniken und alternative Ansätze wie Akupunktur oder Ernährungsumstellungen
dazu beitragen, die Symptome von ADHS zu lindern und das
allgemeine Wohlbefinden zu verbessern. Diese Therapieformen
werden oft als Teil eines ganzheitlichen Behandlungsansatzes
eingesetzt, der die individuellen Bedürfnisse und Vorlieben der
Betroffenen berücksichtigt.

Die Auswahl der geeigneten Behandlungsoptionen für ADHS
erfordert eine sorgfältige Evaluation und eine individuell angepasste Herangehensweise, die auf den spezifischen Symptomen, der Schwere der Störung, den persönlichen Vorlieben
und den Begleitumständen des Einzelnen basiert. Eine enge
Zusammenarbeit zwischen dem Betroffenen, seinen Angehöri-
gen und einem qualifizierten Behandlungsteam ist entscheidend, um die bestmöglichen Ergebnisse zu erzielen und eine
langfristige Stabilität zu fördern.

Insgesamt bieten Medikamente und Therapien eine Vielzahl
von Behandlungsmöglichkeiten für Menschen mit ADHS, die

darauf abzielen, ihre Symptome zu lindern und ihre Lebensqualität zu verbessern. Durch eine ganzheitliche Herangehensweise und eine individuell angepasste Behandlung können Betroffene lernen, mit den Herausforderungen von ADHS umzugehen und ein erfülltes und produktives Leben zu führen.

Nicht-medikamentöse Ansätze zur Behandlung von ADHS: Ein ganzheitlicher Blick auf die Therapie

Medikamente sind nicht die einzige Behandlungsoption für ADHS. Es gibt eine Vielzahl von nicht-medikamentösen Ansätzen, die dazu beitragen können, die Symptome zu lindern, die Lebensqualität zu verbessern und die Funktionsfähigkeit zu steigern. Diese Ansätze zielen darauf ab, die zugrunde liegenden Probleme anzugehen und die Bewältigungsfähigkeiten der Betroffenen zu stärken.

Eine der wichtigsten nicht-medikamentösen Behandlungsmethoden ist die Verhaltenstherapie. Sie konzentriert sich darauf, Verhaltensmuster zu erkennen, die mit ADHS in Verbindung stehen, und alternative Strategien zu entwickeln, um sie zu bewältigen. Dies kann die Verbesserung der Zeitmanagementfähigkeiten, die Entwicklung von Organisationsstrategien und die Stärkung sozialer Kompetenzen umfassen. Verhaltenstherapie kann in Einzel- oder Gruppensitzungen durchgeführt werden und bietet einen strukturierten Rahmen für die Arbeit an spezifischen Herausforderungen im Alltag.

Ein weiterer nicht-medikamentöser Ansatz ist die kognitive Verhaltenstherapie (CBT), die sich auf die Veränderung negativer Denkmuster und die Entwicklung positiver Verhaltensweisen konzentriert. CBT kann helfen, den Zusammenhang zwischen Gedanken, Gefühlen und Verhalten zu verstehen und neue Bewältigungsstrategien zu entwickeln, um mit den Symptomen von ADHS umzugehen. Durch die Identifizierung und Anpassung negativer Denkmuster können Betroffene lernen, ihre Reaktionen auf stressige Situationen zu modifizieren und ihre emotionale Regulation zu verbessern.

Neben der Therapie können auch bestimmte Lebensstilfaktoren eine wichtige Rolle bei der Behandlung von ADHS spielen. Regelmäßige körperliche Aktivität, ausgewogene Ernährung, ausreichend Schlaf und die Reduzierung von Stress können dazu beitragen, die Symptome zu lindern und das allgemeine Wohlbefinden zu verbessern. Sportliche Aktivitäten wie Schwimmen, Joggen oder Yoga können dazu beitragen, überschüssige Energie abzubauen und die Konzentration zu verbessern. Eine gesunde Ernährung mit ausreichend Obst, Gemüse, Vollkornprodukten und Proteinen kann die Gehirnfunktion unterstützen und die Stimmung stabilisieren.

Ergänzende Therapien wie Neurofeedback, Biofeedback, Entspannungstechniken und alternative Heilmethoden können ebenfalls dazu beitragen, die Symptome von ADHS zu lindern und das Wohlbefinden zu verbessern. Diese Ansätze zielen darauf ab, die Selbstregulation zu verbessern, die Aufmerksamkeit zu steigern und die emotionalen Reaktionen zu modulieren.

Insgesamt bieten nicht-medikamentöse Ansätze eine Vielzahl von Möglichkeiten, ADHS zu behandeln und die Lebensqualität der Betroffenen zu verbessern. Durch die Kombination verschiedener Therapieformen und Lebensstiländerungen können Menschen mit ADHS lernen, mit den Herausforderungen ihrer Erkrankung umzugehen und ein erfülltes und produktives Leben zu führen.

Elternschaft und Familienleben mit ADHS: Herausforderungen und Bewältigungsstrategien

Die Diagnose und Behandlung von ADHS betrifft nicht nur die betroffene Person selbst, sondern hat auch erhebliche Auswirkungen auf das Familienleben und die Elternschaft. Eltern von Kindern mit ADHS stehen oft vor einzigartigen Herausforderungen und müssen lernen, mit den Symptomen und den damit verbundenen Schwierigkeiten umzugehen. Gleichzeitig kann eine positive und unterstützende Familienumgebung dazu beitragen, die Lebensqualität der Betroffenen zu verbessern und ihre Entwicklung zu fördern.

Eine der größten Herausforderungen für Eltern von Kindern mit ADHS ist die Bewältigung des täglichen Lebens mit einem Kind, das impulsiv, hyperaktiv und unaufmerksam sein kann. Dies kann zu Spannungen und Konflikten innerhalb der Familie führen, insbesondere wenn die Symptome des Kindes nicht angemessen erkannt und behandelt werden. Eltern müssen oft einen Balanceakt zwischen der Förderung der Unabhängigkeit ihres Kindes und der Aufrechterhaltung von Struktur und Disziplin im Familienleben finden.

Die Erziehung eines Kindes mit ADHS erfordert Geduld, Flexibilität und eine positive Einstellung. Es ist wichtig, realistische Erwartungen zu haben und sich darauf zu konzentrieren, die Stärken des Kindes zu betonen und seine Schwächen zu unterstützen. Klare und konsistente Regeln sowie klare Kommunikation können dazu beitragen, die Symptome zu managen und das Familienleben harmonisch zu gestalten.

Darüber hinaus können Eltern von Kindern mit ADHS von verschiedenen Unterstützungsangeboten profitieren, darunter Elterntrainingsprogramme, Selbsthilfegruppen und professionelle Beratungsdienste. Diese Ressourcen bieten Informationen, Anleitung und emotionalen Rückhalt für Eltern, die sich in der Herausforderung der Erziehung eines Kindes mit ADHS befinden.

Ein weiterer wichtiger Aspekt ist die Selbstfürsorge der Eltern. Die Erziehung eines Kindes mit ADHS kann anstrengend und stressig sein, und es ist wichtig, dass Eltern sich Zeit für sich selbst nehmen, um sich zu erholen und ihre eigenen Bedürfnisse zu erfüllen. Die Pflege von Hobbys, regelmäßige Bewegung, ausreichend Schlaf und die Pflege sozialer Beziehungen können dazu beitragen, die Belastung zu verringern und die Resilienz der Eltern zu stärken.

Insgesamt erfordert die Elternschaft eines Kindes mit ADHS ein hohes Maß an Engagement, Flexibilität und Unterstützung. Durch eine positive Einstellung, klare Kommunikation und den Zugang zu Unterstützungsressourcen können Eltern dazu beitragen, die Symptome ihres Kindes zu managen und ein unterstützendes Familienumfeld zu schaffen, das die Entwicklung und das Wohlbefinden des Kindes fördert.

ADHS am Arbeitsplatz und im Bildungssystem: Herausforderungen und Chancen

Die Auswirkungen von ADHS beschränken sich nicht nur auf das Privatleben, sondern erstrecken sich auch auf den Bildungs- und Arbeitsbereich. Sowohl Schüler als auch Erwachsene mit ADHS können in diesen Umgebungen vor einzigartigen Herausforderungen stehen, die ihre Leistungsfähigkeit und ihr Wohlbefinden beeinflussen. Dennoch bieten diese Umgebungen auch Chancen für individuelle Anpassungen und persönliches Wachstum.

Im Bildungssystem können Schüler mit ADHS aufgrund ihrer Symptome wie Unaufmerksamkeit, Impulsivität und Hyperaktivität Schwierigkeiten haben, sich auf den Unterricht zu konzentrieren und ihre Aufgaben zu erledigen. Dies kann zu schulischen Problemen führen, darunter schlechte Noten, Verhaltensprobleme und geringes Selbstwertgefühl. Lehrer und Schulen müssen daher Strategien entwickeln, um Schülern mit ADHS zu helfen, ihr volles Potenzial auszuschöpfen und erfolgreich zu sein. Dies kann die Bereitstellung von individueller Unterstützung, speziellen Lernmethoden und angemessenen Ressourcen umfassen, um den individuellen Bedürfnissen jedes Schülers gerecht zu werden.

Im Arbeitsbereich können Erwachsene mit ADHS ebenfalls auf Hindernisse stoßen, die ihre Leistungsfähigkeit und ihre beruflichen Perspektiven beeinträchtigen. Symptome wie Unaufmerksamkeit, Impulsivität und Unruhe können die Konzentration, die Produktivität und die sozialen Interaktionen am Arbeitsplatz beeinflussen. Es ist wichtig, dass Arbeitgeber und Kollegen ein Verständnis für die besonderen Bedürfnisse von Menschen mit ADHS entwickeln und unterstützende Maßnahmen ergreifen, um ihnen dabei zu helfen, erfolgreich zu sein. Dies kann die Bereitstellung von flexiblen Arbeitszeiten, klaren Aufgabenstellungen und einem unterstützenden Arbeitsumfeld umfassen.

Trotz der Herausforderungen bieten sowohl das Bildungssystem als auch der Arbeitsplatz Chancen für Menschen mit ADHS, ihre Stärken zu nutzen und ihre Fähigkeiten weiterzuentwickeln. Individuelle Anpassungen, gezielte Unterstützung und ein unterstützendes Umfeld können dazu beitragen, die Hindernisse zu überwinden und die individuelle Leistungsfähigkeit zu steigern. Mit der richtigen Unterstützung und den entsprechenden Ressourcen können Menschen mit ADHS erfolgreich sein und einen wertvollen Beitrag zur Gesellschaft leisten.

ADHS und soziale Beziehungen:

Herausforderungen und Möglichkeiten

Die Auswirkungen von ADHS erstrecken sich weit über den individuellen Bereich hinaus und beeinflussen auch die sozialen Beziehungen der Betroffenen. Ob in der Familie, unter Freunden oder am Arbeitsplatz – die Symptome von ADHS können sich auf die Art und Weise auswirken, wie Menschen mit anderen interagieren und kommunizieren. Dabei stehen sie vor verschiedenen Herausforderungen, aber auch Chancen, um positive Beziehungen aufzubauen und zu pflegen.

In sozialen Situationen kann die Unaufmerksamkeit und Impulsivität, die mit ADHS einhergehen, zu Schwierigkeiten bei der Aufrechterhaltung von Konversationen und dem Verständnis sozialer Normen führen. Betroffene können Mühe haben, den Fokus zu halten und angemessen auf soziale Signale zu reagieren, was zu Missverständnissen und Konflikten führen kann. Dies kann sich insbesondere in der Kindheit und Jugendzeit manifestieren, wenn der Druck, sich an die sozialen Erwartungen anzupassen, besonders hoch ist.

Darüber hinaus können Hyperaktivität und Impulsivität das Verhalten in sozialen Situationen beeinflussen, was zu impulsiven Handlungen, unüberlegten Äußerungen und einer geringeren Fähigkeit zur Selbstregulierung führen kann. Dies kann dazu führen, dass Betroffene Schwierigkeiten haben, langfristige Beziehungen aufrechtzuerhalten oder enge Bindungen zu anderen Menschen aufzubauen.

Dennoch bieten die Herausforderungen von ADHS in sozialen Beziehungen auch Chancen für persönliches Wachstum und Entwicklung. Durch gezielte Interventionen, wie zum Beispiel soziales Training, Therapie und Selbstreflexion, können Betroffene lernen, ihre sozialen Fähigkeiten zu verbessern und effektiver mit anderen zu interagieren. Darüber hinaus können unterstützende soziale Netzwerke und ein Verständnis für die besonderen Bedürfnisse von Menschen mit ADHS dazu beitragen, positive und unterstützende Beziehungen aufzubauen, die das Wohlbefinden und die Lebensqualität der Betroffenen verbessern.

Insgesamt zeigt sich, dass ADHS nicht nur eine individuelle Herausforderung darstellt, sondern auch einen erheblichen Einfluss auf die sozialen Beziehungen der Betroffenen hat. Durch gezielte Interventionen, Unterstützung und Verständnis können Menschen mit ADHS lernen, mit den Herausforderungen umzugehen und positive Beziehungen aufzubauen, die ihr Wohlbefinden und ihre Lebensqualität verbessern.

Geschlechtsspezifische Unterschiede und Herausforderungen bei ADHS

ADHS betrifft Menschen unabhängig von ihrem Geschlecht, jedoch können sich die Symptome und Auswirkungen je nach Geschlecht unterschiedlich manifestieren. In diesem Kapitel werden die geschlechtsspezifischen Unterschiede und Herausforderungen bei ADHS untersucht, um ein tieferes Verständnis für die Störung zu gewinnen und angemessene Unterstützung bereitzustellen.

1. Symptompräsentation:
Studien zeigen, dass sich die Symptome von ADHS bei Mädchen und Jungen oft unterscheiden können. Während Jungen häufiger hyperaktiv und impulsiv sind, zeigen Mädchen häufiger unaufmerksame Symptome. Dies kann dazu führen, dass ADHS bei Mädchen häufiger übersehen oder falsch diagnostiziert wird, da sie weniger offensichtliche Verhaltensprobleme zeigen.

2. Diagnose und Behandlung:
Aufgrund der unterschiedlichen Symptompräsentation kann es für Mädchen schwieriger sein, eine korrekte Diagnose zu erhalten. Mädchen mit unauffälligerem Verhalten können oft erst später im Leben diagnostiziert werden, was zu Verzögerungen bei der Behandlung und Unterstützung führen kann.

Darüber hinaus können geschlechtsspezifische Unterschiede in der Reaktion auf bestimmte Behandlungen bestehen, was eine individualisierte Herangehensweise erfordert.

3. Soziale Dynamik:

Mädchen und Jungen mit ADHS können unterschiedliche soziale Herausforderungen haben. Mädchen neigen dazu, subtilere soziale Normen und Dynamiken besser zu verstehen und sich besser anpassen zu können, während Jungen möglicherweise eher mit impulsivem oder störendem Verhalten auffallen. Dies kann Auswirkungen auf die Art und Weise haben, wie ADHS bei Mädchen und Jungen in sozialen Umgebungen wahrgenommen wird und wie sie Unterstützung erhalten.

4. Geschlechtsspezifische Risiken:

Mädchen mit ADHS können ein erhöhtes Risiko für bestimmte negative Folgen haben, wie zum Beispiel eine niedrigere Selbstachtung, psychische Gesundheitsprobleme und Beziehungsprobleme. Es ist wichtig, diese geschlechtsspezifischen Risiken zu erkennen und gezielte Interventionen bereitzustellen, um die spezifischen Bedürfnisse von Mädchen mit ADHS zu adressieren.

Insgesamt verdeutlichen geschlechtsspezifische Unterschiede und Herausforderungen bei ADHS die Komplexität der Störung und die Notwendigkeit einer differenzierten Herangehensweise in Diagnose und Behandlung. Ein besseres Verständnis dieser Unterschiede kann dazu beitragen, geschlechtsspezifische Bedürfnisse besser zu adressieren und individuell angepasste Unterstützung bereitzustellen.

Die Zukunft von ADHS:

Neue Entwicklungen und Perspektiven

ADHS ist eine komplexe Störung, die weiterhin intensiv erforscht wird, um neue Erkenntnisse zu gewinnen und innovative Ansätze zur Behandlung und Unterstützung zu entwickeln. In diesem Kapitel werden die neuesten Entwicklungen und zukünftigen Perspektiven im Bereich ADHS diskutiert, um einen Einblick in die sich ständig weiterentwickelnde Landschaft dieser Störung zu geben.

1. Fortschritte in der Neurobiologie:

Fortschritte in der neurobiologischen Forschung haben zu einem besseren Verständnis der zugrunde liegenden Mechanismen von ADHS geführt. Neue bildgebende Verfahren und neurophysiologische Studien ermöglichen Einblicke in die Funktionsweise des Gehirns von Menschen mit ADHS, was die Entwicklung zielgerichteterer Behandlungsansätze ermöglicht.

2. Personalisierte Medizin:

Ein aufstrebender Bereich in der Behandlung von ADHS ist die personalisierte Medizin. Durch die Integration von Genetik, Neurobiologie und psychosozialen Faktoren können individuell angepasste Behandlungspläne entwickelt werden, die auf die spezifischen Bedürfnisse und Merkmale eines jeden Einzelnen zugeschnitten sind.

3. Nicht-medikamentöse Ansätze:

Neben traditionellen medikamentösen Behandlungen gewinnen nicht-medikamentöse Ansätze zur Behandlung von ADHS an Bedeutung. Psychologische Interventionen wie Verhaltenstherapie, kognitive Verhaltenstherapie und Elterntraining haben sich als wirksam erwiesen und bieten alternative oder ergänzende Möglichkeiten zur Behandlung von ADHS.

4. Technologische Innovationen:

Die zunehmende Integration von Technologie in der Behandlung von ADHS eröffnet neue Möglichkeiten zur Unterstützung von Betroffenen. Mobile Apps, Wearables und digitale Plattformen können dazu beitragen, Symptommanagement, Selbstregulation und tägliche Funktionalität zu verbessern, indem sie Tools zur Überwachung, Erinnerung und Intervention bereitstellen.

5. Stigmaabbau und Bewusstseinsbildung:

Die Zukunft von ADHS umfasst auch den kontinuierlichen Abbau von Stigmata und eine verstärkte Bewusstseinsbildung in der Gesellschaft. Durch eine verbesserte Aufklärung und Sensibilisierung können Vorurteile abgebaut und die Akzeptanz von ADHS als neurologische Störung gefördert werden, was zu einer besseren Unterstützung und Inklusion von Betroffenen führt.

Insgesamt bieten die neuen Entwicklungen und Perspektiven im Bereich ADHS Hoffnung auf eine verbesserte Diagnose, Behandlung und Lebensqualität für Betroffene. Durch die Integration von multidisziplinären Ansätzen und die Nutzung modernster Technologien können wir weiterhin Fortschritte machen und die Zukunft von ADHS positiv gestalten.

Schlussfolgerungen und Ausblick

Nach einer eingehenden Betrachtung der Geschichte, Entdeckung, Diagnose, Behandlung und Auswirkungen von ADHS ist es an der Zeit, Schlussfolgerungen zu ziehen und einen Ausblick auf die Zukunft dieser komplexen Störung zu geben.

1. Komplexität und Vielfalt von ADHS:
ADHS ist keine einfache Störung mit klaren Ursachen und Behandlungsmethoden. Vielmehr handelt es sich um ein vielschichtiges Syndrom, das verschiedene Faktoren wie genetische Veranlagung, Umwelteinflüsse und neurobiologische Unterschiede umfasst. Diese Vielfalt macht es schwierig, eine universelle Lösung für alle Betroffenen zu finden.

2. Herausforderungen bei der Diagnose und Behandlung:
Die Diagnose von ADHS ist oft komplex und erfordert eine sorgfältige Bewertung der Symptome sowie eine differenzierte Betrachtung von möglichen Begleit- und Komorbiditätsstörungen. Die Behandlung von ADHS erfordert ebenfalls eine individuelle Herangehensweise, die Medikamente, Therapien und unterstützende Maßnahmen umfasst.

3. Bedeutung von Früherkennung und Frühintervention:
Eine frühzeitige Erkennung von ADHS und eine entsprechende Intervention können langfristige negative Auswirkun-

gen der Störung minimieren. Frühinterventionen können dazu beitragen, die Symptome zu kontrollieren, die Entwicklung von Komorbiditäten zu verhindern und den Betroffenen die bestmöglichen Chancen auf ein erfolgreiches Leben zu geben.

4. Notwendigkeit einer ganzheitlichen Betrachtung:
Es ist wichtig, ADHS nicht isoliert zu betrachten, sondern als Teil eines umfassenderen biopsychosozialen Kontexts. Dies erfordert eine ganzheitliche Betrachtung, die die individuellen Bedürfnisse und Lebensumstände der Betroffenen berücksichtigt und eine interdisziplinäre Zusammenarbeit zwischen verschiedenen Fachbereichen ermöglicht.

5. Hoffnung auf Fortschritt und Verbesserung:
Trotz der Herausforderungen und Unklarheiten im Umgang mit ADHS gibt es auch Grund zur Hoffnung. Fortschritte in der Forschung, zunehmende gesellschaftliche Aufklärung und eine wachsende Akzeptanz können dazu beitragen, die Lebensqualität von Menschen mit ADHS kontinuierlich zu verbessern und ihre Potenziale zu fördern.

Insgesamt bleibt ADHS ein faszinierendes und zugleich herausforderndes Forschungsgebiet, das weiterhin intensive Bemühungen erfordert, um eine ganzheitliche und wirksame Unterstützung für Betroffene zu gewährleisten. Durch eine kontinuierliche Zusammenarbeit von Forschern, medizinischen Fachkräften, Familien und der Gesellschaft können wir gemeinsam Wege finden, um Menschen mit ADHS bestmöglich zu unterstützen und ihre Lebensqualität zu verbessern.

Über den Autor

Lutz Spilker wurde im Jahre 1955 in Duisburg geboren.

Bevor er zum Schreiben von Romanen und Dokumentationen fand, verließen bisher unzählige Kurzgeschichten, Kolumnen und Versdichtungen seine Feder.

In seinen Büchern befasst er sich vorrangig mit dem menschlichen Bewusstsein und der damit verbundenen Wahrnehmung. Seine Grenzen sind nicht die, welche mit der Endlichkeit des Denkens, des Handelns und des Lebens begrenzt werden, sondern jene, die der empirischen Denkform noch nicht unterliegen.

Es sind die Möglichkeiten des Machbaren, die Dinge, welche sich allein in der Vorstellung eines jeden Menschen darstellen und aufgrund der Flüchtigkeit des Geistes unbewiesen bleiben. Die Erkenntnis besitzt ihre Gültigkeit lediglich bis zur Erlangung einer neuen und die passiert zu jeder weiteren Sekunde.

Die Welt von Lutz Spilker beginnt dort, wo zu Beginn allen Seins nichts Fassbares war, als leerer Raum. Kein Vorne, kein Hinten, kein Oben und kein Unten. Kein Glaube, kein Wissen, keine Moral, keine Gesetze und keine Grenzen. Nichts.

In Lutz Spilkers Romanen passieren heimtückische Morde ebenso wie die Zauber eines Märchens. Seine Bücher sind oftmals Thriller, Krimi, Abenteuer, Science Fiction, Fantasy und selbst Love-Story in einem.

»Ich liebe die Sprache: Sie vermag zu streicheln, zu liebkosen und zu Tränen zu rühren. Doch sie kann ebenso stachelig sein, wie der Dorn einer Rose und mit nur einem Hieb zerschmettern.«

In dieser Reihe sind bisher erschienen

Die Erfindung der Langeweile
Die Erfindung des Menschen
Die Erfindung des Geldes
Die Erfindung des Teufels
Die Erfindung des Erfolgs
Die Erfindung der Sterblichkeit
Die Erfindung der Lüge
Die Erfindung der Freiheit
Die Erfindung des Todes
Die Erfindung der Welt
Die Erfindung des Inselmenschen
Die Erfindung der Zeit
Die Erfindung der Seele
Die Erfindung der Politik
Die Erfindung des Gewissens
Die Erfindung der Religion
Die Erfindung der Schuld
Die Erfindung der Gerechtigkeit
Die Erfindung des Friedens
Die Erfindung des Selbstgesprächs
Die Erfindung der Zukunft
Die Erfindung der Pornographie
Die Erfindung der Verschwendung
Die Erfindung des Erwachsenseins
Die Erfindung der Hölle
Die Erfindung der Überbevölkerung
Die Erfindung des Himmels
Die Erfindung der Monarchie
Die Erfindung der Unterhaltung
Die Erfindung der Sprache

Die Erfindung der Musik
Die Erfindung der Wiedergeburt
Die Erfindung des Zufalls
Die Erfindung der Namen
Die Erfindung des Bewusstseins
Die Erfindung des freien Willens
Die Erfindung des Wahrsagens
Die Erfindung der Körpersprache
Die Erfindung des Schlafs
Die Erfindung der Sklaverei
Die Erfindung der Angst
Die Erfindung der Vernunft
Die Erfindung des Vollmonds
Die Erfindung des Vitamin B
Die Erfindung des Make-Up
Die Erfindung des Weihnachtsfestes
Die Erfindung des Ku-Klux-Klan
Die Erfindung des Träumens
Die Erfindung der Flaschenpost
Die Erfindung der Mafia
Die Erfindung der Freimaurer
Die Erfindung der Freibeuter
Die Erfindung der Raumfahrt
Die Erfindung der Tempelritter
Die Erfindung des ADHS-Syndroms
Die Erfindung der Homöopathie
Die Erfindung der Freizeitparks

Zeitfracht Medien GmbH
Ferdinand-Jühlke-Straße 7
99095 Erfurt, Deutschland
produktsicherheit@kolibri360.de